mommy

mami

daddy

tati

boy

băiat

girl

fată

1 

one

unu

2

two

doi

3

three

trei

4

four

patru

5

five

cinci

6

six

șase

7

seven

șapte

8

eight

opt

9 nine

nouă

10 ten

zece

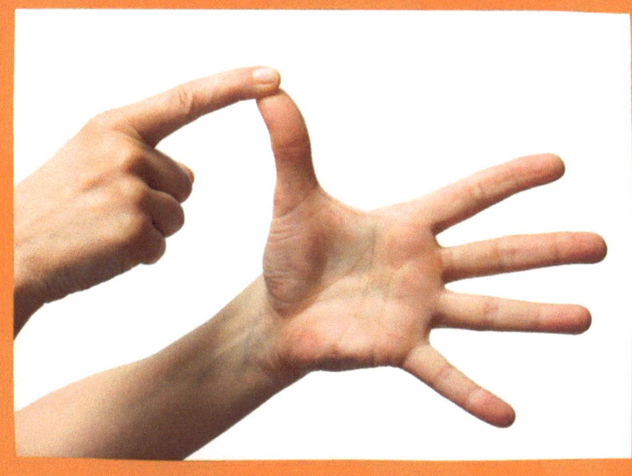

count

a numără

write

a scrie

draw

a desena

paint

a picta

circle

cerc

square

pătrat

rectangle

dreptunghi

triangle

triunghi

star

stea

black

negru

white

alb

brown

maro

red

roșu

blue

albastru

yellow

galben

green

verde

purple

violet

gray

gri

orange

portocaliu

pink

roz

apple

măr

banana

banană

pineapple

ananas

watermelon

pepene verde

pear

pară

grapes

struguri

mango

mango

peach

piersică

strawberry

căpșună

cherry

cireașă

orange

portocală

coconut

nucă de cocos

lemon

lămâie

mushroom

ciupercă

corn

porumb

tomato

roșie

pumpkin

dovleac

cucumber

castravete

carrot

morcov

potato

cartof

zucchini

dovlecel

spinach

spanac

cauliflower

conopidă

egg

ou

plate

farfurie

spoon

lingură

knife

cuțit

fork

furculiță

cake

tort

baby bottle

biberon

candies

bomboane

cheese

brânză

drink

a bea

eat

a mânca

hot

fierbinte

cold

rece

small

mic

big

mare

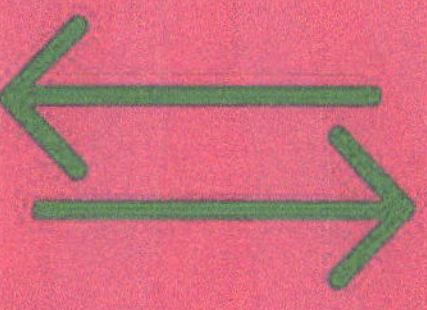

short

scurt

long

lung

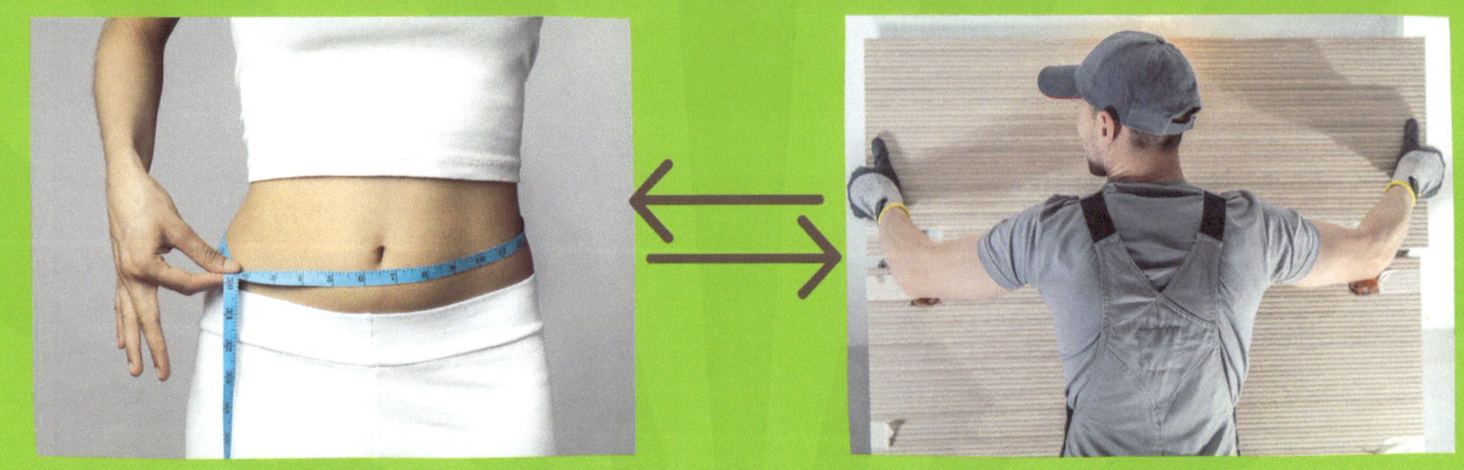

thin

subțire

large

mare

easy

ușor

difficult

dificil

stand up

a se ridica

sit down

a sta jos

sweet

dulce

salty

sărat

heavy

greu

light

ușor

in

înăuntru

out

afară

dirty

murdar

clean

curat

close

închis

open

deschis

pencils

creioane

clock

ceas

key

cheie

book

carte

bed

pat

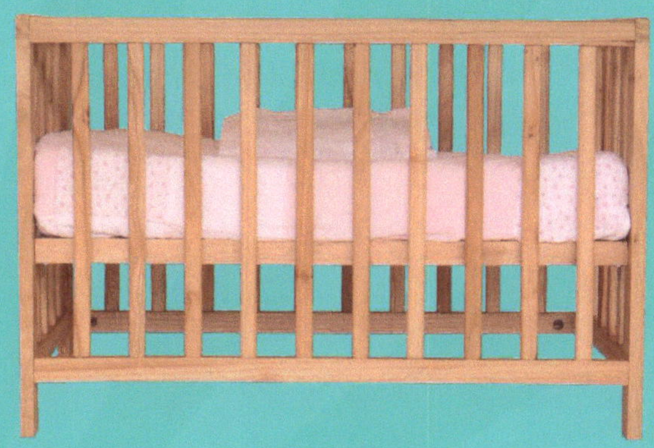

crib

pătuț

table

masă

chair

scaun

car

mașină

bike

bicicletă

plane

avion

boat

barcă

train

tren

helicopter

elicopter

firetruck

mașină de pompieri

firefighter

pompier

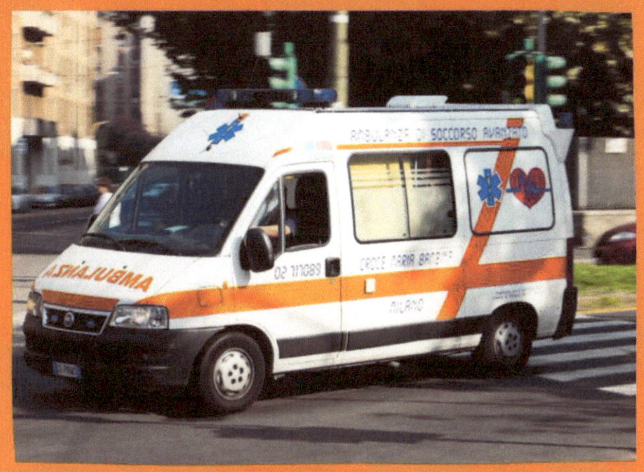

ambulance

ambulanță

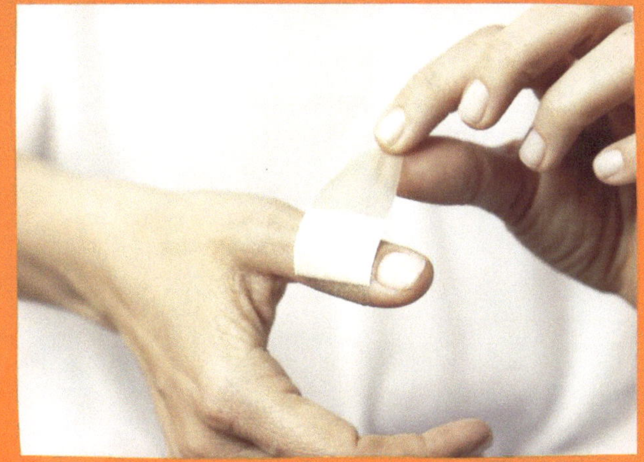

bandage

pansament

paramedic

paramedic

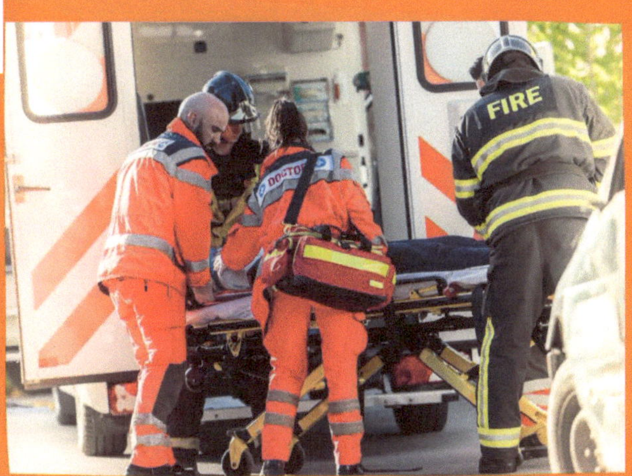

rescue team

echipă de salvare

forest

pădure

mountain

munte

grass

iarbă

sand

nisip

tree

copac

flower

floare

butterfly

fluture

ant

furnică

cat

pisică

dog

câine

horse

cal

mouse

șoarece

cow

vacă

pig

porc

sheep

oaie

duck

rață

goose

gâscă

rabbit

iepure

fish

pește

vet

veterinar

doctor

doctor

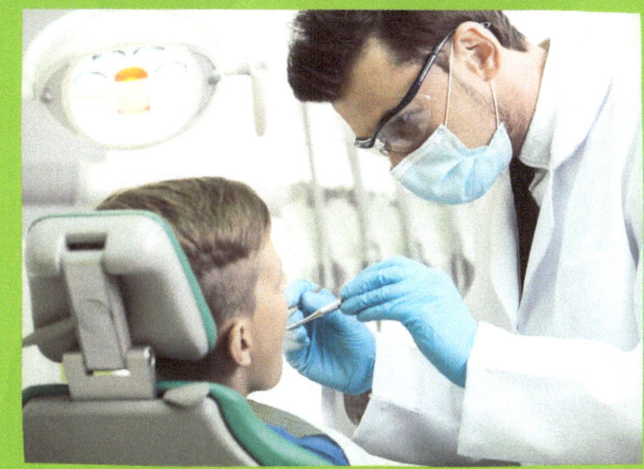

dentist

dentist

pharmacist

farmacist

nurse

asistentă

head

cap

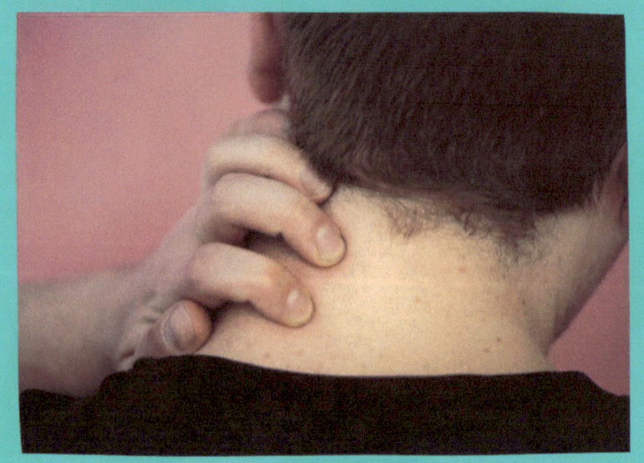

neck

gât

foot

picior

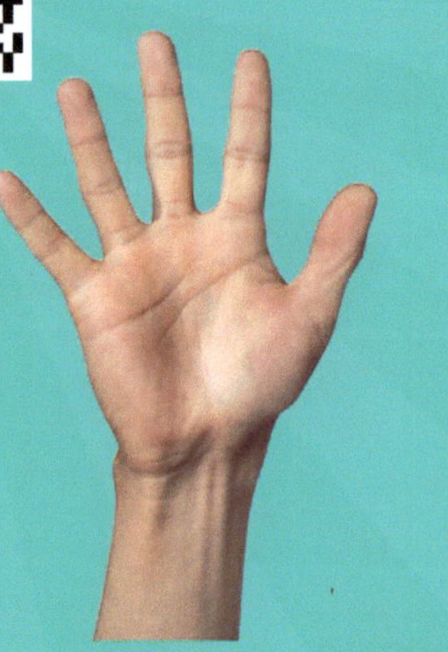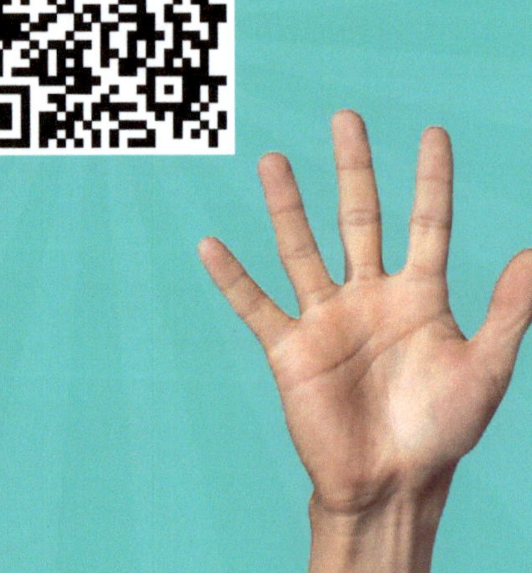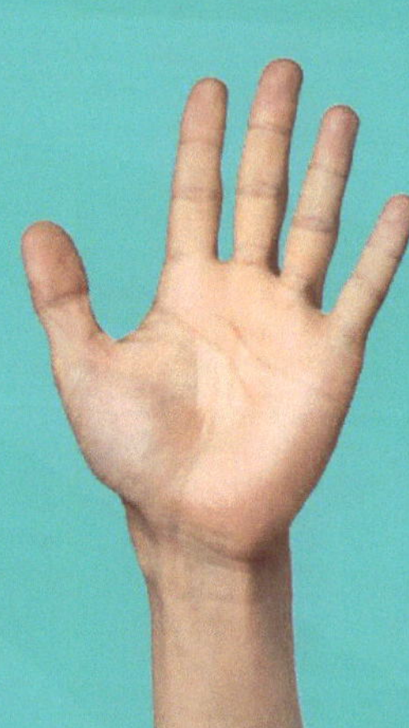

hand

mână

teeth

dinți

eye

ochi

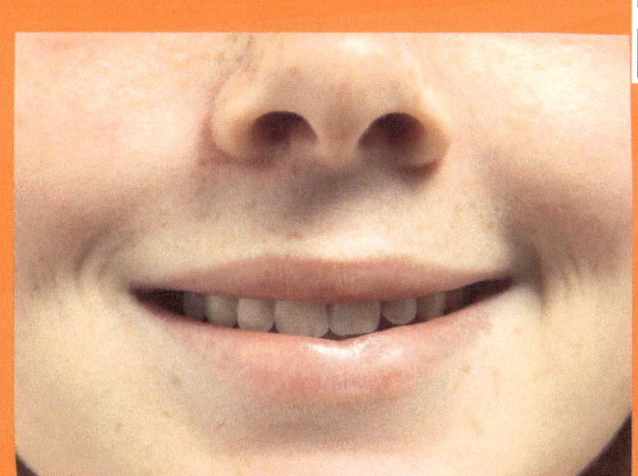

mouth

gură

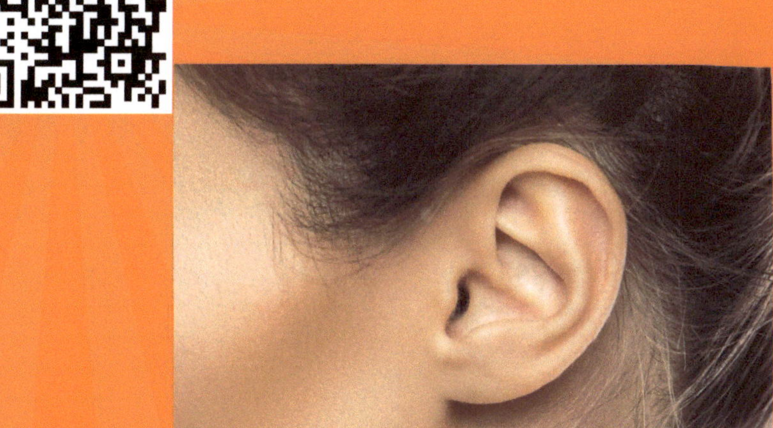

ear

ureche

hat

pălărie

dress

rochie

pants

pantaloni

shoes

pantofi

coat

palton

scarf

eșarfă

umbrella

umbrelă

glasses

ochelari

sun

soare

cloudy

noros

rainy

ploios

moon

lună

* 9 7 8 2 3 8 4 1 2 9 9 7 3 *